ÉTUDES DE PHILOSOPHIE NATURELLE
2ᵐᵉ SÉRIE : N° 2

ORGANISATION ET UNIFICATION
DES
SCIENCES NATURELLES

PAR

J.-ÉMILE FILACHOU

Docteur ès-Lettres.

> Là où commence la science de Dieu,
> là finit la science du demi-sçavant.
> Le P. Castel.

MONTPELLIER
TYPOGRAPHIE ET LITHOGRAPHIE DE BOEHM ET FILS
PLACE DE L'OBSERVATOIRE.
1875

En Vente chez SEGUIN, Libraire
rue Argenterie, 25, à Montpellier

OUVRAGES DU MÊME AUTEUR

Examen de la rationalité de la Doctrine Catholique. 1 vol. in-8°. 1849.
La clef de la Philosophie, ou la vérité sur l'Être et le Devenir. 1 vol. in-8°. 1851.
Traité des Facultés. 1 vol. in-8°. 1859.
De Categoriis. Dissertatio philosophica. 1 vol. in-8°. 1859.
Principes fondamentaux de Philosophie mathématique. 1 vol. in-8°. 1860.
De la pluralité des mondes. 1 vol. in-12. 1861.
Traité des Actes, Sommaire de Métaphysique. 1 vol. in-12. 1862.

ÉTUDES DE PHILOSOPHIE NATURELLE.

N° 1. Système des trois règnes de la nature. 1 vol. in-12. 1864.
N° 2. Réponse directe à M. Renan, ou démonstration philosophique de l'incarnation. 1 vol. in-12. 1864.
N° 3. De l'expérience de Monge au double point de vue expérimental et rationnel. 1 vol. in-12. 1869 (3ᵉ édition).
N° 4. De l'ordre et du mode de décomposition de la lumière par les prismes. 1 vol. in-12. 1870.
N° 5. De l'ordre et du mode de décomposition de la lumière par les prismes ; Nouvelles preuves à l'appui. 1 vol. in-12. 1872.
N° 6. Sens et rationalité du dogme eucharistique. 1 vol. in-12. 1872.
N° 7. Démonstration psychologique et expérimentale de l'existence de Dieu. 1 vol. in-12. 1873.
N° 8. De l'ordre et du mode de décomposition de la lumière par les bords minces. 1 vol. in-12.
N° 9. Le système du monde en quatre mots. 1 vol. in-12.
N° 10. Classification raisonnée des Sciences naturelles. 1 vol. in-12.
2ᵉ SÉRIE : N° 1. La mécanique de l'esprit conforme aux principes de la classification rationnelle. 1 vol. in-12.

Montpellier. — Typogr. BOEHM et FILS.

ÉTUDES DE PHILOSOPHIE NATURELLE
2me Série : N° 2

ORGANISATION ET UNIFICATION

DES

SCIENCES NATURELLES

POUR PARAITRE PROCHAINEMENT :

N° 4. La Mécanique de l'Esprit par la Trigonométrie. 1 vol. in-12.

N° 5. La Classification rationnelle et le Calcul infinitésimal. 1 vol. in-12.

N° 6. La Classification rationnelle et la Phénoménologie transcendante. 1 vol. in-12.

ÉTUDES DE PHILOSOPHIE NATURELLE
2me SÉRIE : No 2

ORGANISATION ET UNIFICATION

DES

SCIENCES NATURELLES

PAR

ÉMILE FILACHOU

Docteur ès-Lettres.

Là où commence la science de Dieu,
là finit la science du demi-sçavant.
LE P. CASTEL.

MONTPELLIER
TYPOGRAPHIE ET LITHOGRAPHIE DE BOEHM ET FILS
PLACE DE L'OBSERVATOIRE,
1875

AVANT-PROPOS

Jamais nous n'avons pu goûter l'enseignement de ceux qui, zélés peut-être, mais non moins inconsidérés, soutiennent que les dogmes chrétiens sont incompréhensibles. Car nous nous disions : si ces dogmes sont des vérités, Dieu les comprend bien : donc ils ne sont point incompréhensibles. Puis, si Dieu les comprend, pourquoi ne pourrait-il les proposer *intelligiblement*, comme il les comprend lui-même? Et, dès-lors, la Raison humaine les comprendrait aussi bien que lui !... Donc, si de fait ils *apparaissent* maintenant incompréhensibles à l'homme, c'est parce que la Raison humaine a pour ainsi dire tourné ou s'est faussée; c'est-à-dire la Raison humaine, à laquelle ils sont incompréhensibles, n'est pas la Raison humaine naturelle, mais la Raison humaine obscurcie, viciée, dénaturée par les préjugés et les passions. Cette manière de voir, que nous avons toujours préférée, nous la partageons bien plus aujourd'hui, depuis que nos recherches ont achevé de nous convaincre de son exactitude. Aussi, nous nous faisons un devoir de la proclamer hautement, pour condamner, autant qu'il est en nous, la dangereuse et mauvaise manie d'assombrir plutôt que d'éclairer l'Enseignement chrétien au seul profit de *Positions personnelles*, dans un cas où manifestement, suivant le but direct de l'Institution chrétienne, tout doit tendre au contraire à s'effacer pour laisser à Dieu seul toute l'autorité. L'homme parfait est *celui-là seul que Dieu seul régit, car il est l'enfant de Dieu* (Rom. VIII, 14).

Dans le monde futur, le Symbole chrétien sera la *clef* de la science *universelle*. Nous disons cela sans la moindre crainte d'exagération ; car la science a ses passe-partout, et tout principal article du Symbole chrétien, bien compris, en est un.

Cassagnoles, ce 23 février 1874.

ORGANISATION ET UNIFICATION

DES

SCIENCES NATURELLES

1. On peut dire que les Sciences sont en même nombre que les genres ou modes du savoir. Or on sait par l'intermédiaire des Sens extérieurs, par la lumière interne de l'intelligence, par l'organe des goûts spontanés ou naturels. Il y a donc trois sortes de sciences, qui sont : les sciences d'*observation*, les sciences de *raison* et les sciences de *sentiment*. On appelle encore les premières *expérimentales*, les secondes *spéculatives*, et les troisièmes *esthétiques*.

Entre ces trois sortes de Sciences comparées deux à deux, il y a, maintenant, un abîme que, en raison de leur complète divergence objective, on ne peut espérer d'annuler ou de franchir par aucune autre voie que l'Absolu. Car telle est l'opposition originairement régnante entre leurs rapports respectifs que, à moins d'en proclamer toutes les différences *imaginaires* pour en doter immédiatement une seule et même réalité fondamentale, on est forcé de les concevoir ou poser tout à fait à part, à l'instar des choses radicalement incomparables, comme *acide* et *végétal*, *aigle* et *caillou*. Tout logicien a déjà compris d'où vient l'impossibilité d'une transition immédiate de l'une de ces notions à l'autre; elle vient de l'absence d'un *genre prochain* commun aux deux termes comparés. Il en serait de même, si, pour diversifier le cas, nous comparions ensemble les idées de *sinus* et de *cosinus*, de *sinus* et de *tangente*, ou de *tangente* et de *cosinus*. Toutes ces expressions désignent bien en commun un système de lignes trigonométriques; mais cette signification commune est trop éloignée, trop radicale, pour pouvoir se flatter d'arriver sans saut, par elle, par exemple de la *tangente*, au *sinus* ou au *cosinus*, dont elle exprime le rapport, ou réciproquement. Une relation mathématique est tout autre chose qu'une relation logique du genre de celles qu'implique une nomenclature bien faite dans laquelle on énumère sans la moindre lacune tous les termes hiérarchiquement subordonnés par embranchements, classes, familles, etc. Dans le cas actuel, les rapports des trois sortes de Sciences distinguées tout à l'heure sont si notoirement dépourvus de pareils moyens interposés de ralliement, qu'il en résulte un contraste frappant jusque dans les habitudes ordinaires de la vie. Qui ne sait que les hommes d'imagination ne peuvent s'entendre avec les hommes de calcul, et que ni les uns ni les autres ne peuvent aller de pair avec les hommes d'action ? Un homme féminin ne peut être soldat ; un romancier ne peut être géomètre ; et le géomètre, à son tour, ne comprendra jamais rien aux émotions douces du poète, à l'élan sublime du guerrier. Ainsi, le Sens diffère énormément de l'Intellect ; de même, l'Intellect diffère énormément de l'Esprit ; et ce n'est point la Logique qu'on peut appeler à former la transition de l'une de ces trois Puissances à l'autre : la Métaphysique est seule compétente à cet égard. Ce n'est point ici le lieu de nous étendre sur la nature de ses procédés spéciaux, dont nous nous contenterons de signaler les deux *primitifs*, constitués par les principes de *contradiction* et d'*identité*, d'une part, et les deux *dérivés* constitués par les principes de *substantialité* et de *causalité*, de l'autre ; mais nous insisterons sur la raison de cet état de choses indiquée déjà depuis longtemps dans notre *Système des trois Règnes de la Nature*, § 2, c'est-à-dire sur l'absence préalable, en l'Activité radicale, de tout terme moyen entre Elle et ses Puissances ou Personnalités, d'où résulte l'inévitable nécessité de reconnaître, d'une part qu'elles sont radicalement identiques, et d'autre part qu'elles n'ont de fait rien de commun entre elles, sauf leur principe éloigné radical, si bien masqué d'ailleurs après leur avènement, qu'il apparaît tout imaginaire en ou entre elles, quand on ne préfère point inversement les réputer toutes imaginaires devant lui.

2. En nous entendant affirmer aussi crûment ici, coup sur coup, l'Imaginarité du Réel et inversement la Réalité de l'Imaginaire, le lecteur peu

réfléchi nous soupçonne déjà peut-être de ne pas nous comprendre ou de ne pas parler sérieusement, et cependant nous exprimons bien par là l'idée la plus nécessaire et la plus vraie. Dans notre *Traité de l'Eucharistie*, § 19, nous avons démontré, moins généralement sans doute, quelque chose d'analogue, en y établissant — par exemple et par raison — que l'union de deux Réalités, comme *homme* et *femme*, est chose formelle, idéale, et par conséquent (au moins *objectivement*) imaginaire; et que, inversement, l'union de deux Imaginarités, comme *objet* et *sujet*, est chose réelle dans la conscience absolue, quelle qu'en soit d'ailleurs la Nature respective (humaine, angélique ou divine). Ici, nous nous trouvons dans un cas semblable, mais plus radical ou mieux accentué ; car, dans les deux exemples précédents, il ne s'agissait que de faire l'unité de *deux* différences ou de prendre la différence de *deux* identités, quand présentement nous avons, non *deux*, mais *trois* différences à réunir ou *trois* identités à défaire ; et l'on n'a point alors de peine à comprendre que, au lieu de diminuer, la difficulté se double ou même se potentialise, et par conséquent se consomme. Eh bien ! de même que, tous les jours et sans s'en étonner le moins du monde, on dit de l'*homme* et de la *femme* qu'ils n'ont qu'une même nature, pourquoi ne le dirait-on pas, passant de deux à trois, du Père, de la Mère et de l'Enfant ? Pourquoi, pareillement, admettant déjà journellement et très-sérieusement le dédoublement formel de l'Être actif en *sujet* et *objet*, ne s'avancerait-on pas jusqu'à le dire à la fois, mais en trois ressorts distincts (sous peine de tautologie), Sens, Intellect, Esprit ?.... Si le lecteur est déjà, par hypothèse, nanti d'un *moyen* logique entre le Subjectif et l'Objectif, nous lui serions infiniment reconnaissant de nous le faire connaître ; mais évidemment il n'en a point de tel, parce qu'il n'en existe pas : la relation entre Objet et Sujet est, comme celle entre oui et non, une de celles entre lesquelles il n'y a point de milieu possible. Or, autant il y a saut absolu ou réel d'objet à sujet ; ou réciproquement, autant il y a vrai saut d'Esprit à Intellect, d'Intellect à Sens, et de Sens à Intellect ou Esprit. Le Sens, par exemple, est à la fois objet et sujet ; tant au dedans qu'au dehors ; il est notamment Sujet interne et objet externe. L'Intellect est encore sujet interne, mais il n'est plus objet externe, ou bien l'objectif n'en est plus réel, mais imaginaire ; et, sous ce rapport, il ne ressemble pas plus au Sens que l'ombre d'un corps à ce corps même. Enfin, autant il y a loin de l'image ou de l'idée d'une chose à la chose même, autant et plus encore il y a loin, du Réel et du Formel réunis, au Virtuel de l'Esprit ; car le Virtuel n'est rien de plus ni de moins entre les *entités* que ce qu'est entre les *apparences* le Mouvement, quand on en a défalqué par la pensée l'Espace et le Temps, sans lesquels il ne semble pas même imaginable. Voilà donc le Sens posant objectivement les objets, mais pourtant sans forme actuelle, et par conséquent, provisoirement au moins, hors de l'espace. L'Intellect, qui survient alors, apportant avec soi la forme sans fond, n'en est que plus apte à revêtir de leurs apparences objectives les objets sensibles en manquant jusqu'à cette heure ou *nus* ; et c'est aussi dans le même moment que l'Esprit, radicalement dépourvu de fond et de forme, mais non de force et de vitesse, appliquant au fond et à la forme présupposés sa force ou sa vitesse propres objectivement mais non subjectivement abstraites, en compose des figures vivantes ou des êtres vraiment animés ou personnels. Qu'on essaye maintenant, en tout cela, de remplacer le Sens par l'Intellect, ou l'Intellect par l'Esprit, ou l'Esprit par l'Intellect et le Sens ! Nul ne voudrait être absurde à ce point. Ces trois Puissances ne peuvent donc ni se suppléer ni se faire défaut ; elles s'impliquent et s'excluent tout à la fois. Voulez-vous sentir, penser, vouloir : vous devez pour cela les réunir toutes ensemble ; mais pourtant, en sentant, vous ne ferez qu'acte de Sens, comme, en pensant, vous ne ferez qu'acte d'Intellect, et, en voulant, vous ne serez qu'Esprit. Ainsi, ces mêmes Puissances sont bien irréductibles d'une part, et identiques de l'autre ; et, entre elles ou de l'une à l'autre, on ne peut glisser, il faut sauter, — les deux que l'on quitte fournissant toujours assez d'élan pour aborder la troisième.

3. Nous venons de dire équivalemment : admettre en pratique le dogme de la dualité, c'est

admettre en principe le dogme de la trinité. Dans le premier cas, on est seulement sur le terrain de la Logique, et l'on ne fait qu'un demi-saut, à peu près comme quand, pour franchir une rivière sans se mouiller, on pose alternativement les pieds sur les pierres échelonnées en travers du courant : alors, on saute et marche à la fois. Dans le second cas, au contraire, on est sur le terrain de la Métaphysique, et, comme on n'a plus cette fois à son service de terme moyen analogue à ceux que fournit la Logique pour arriver, par le *rationnel*, du *positif* au *négatif*, ou, par l'*irrationnel*, du *réel* au *virtuel*, force est de sauter tout d'un coup, du *réel*, sous toutes ses formes, à l'*imaginaire*. Mais, puisque les petits sauts ne répugnent pas, le grand saut ne doit point finalement répugner davantage ; et, s'il entre dans la nature de la *Raison* de concevoir à la fois le *positif* et le *négatif*, ou dans la nature de la *force* de fonctionner sous la double forme d'*intégrale* et de *différentielle*, il peut bien entrer de même dans la nature de la *Nature* absolue, complète, sensible — à la fois interne et externe, comme il a été dit, — d'opérer, à la fois et non moins universellement qu'éternellement, la distinction et l'identité du *Réel* et de l'*Imaginaire*.

4. Remarquons maintenant une chose : l'Activité sensible radicale, ou le Sens divin, n'opère point par un même acte relatif la distinction et l'identité du Réel et de l'Imaginaire ; car on conçoit que l'identité précède au moins rationnellement la distinction, comme *un* précède *deux*. L'identité du Réel et de l'Imaginaire, dans laquelle il est bien permis de voir aussi celle du subjectif et de l'objectif, est donc la première chose que l'Activité sensible radicale aperçoit, sans avoir besoin de faire pour cela le moindre mouvement ; mais la distinction qui lui fait suite aussitôt est l'effet du mouvement qu'elle accomplit au même instant, quand elle vient à se considérer comme réellement une, c'est-à-dire *non multiple*. Ainsi considérée, la distinction arrive à l'instar d'un mouvement engendré, tel qu'en nous la réflexion. Il résulte de là que, au sein de l'Activité radicale, quand le Sens se pose, l'Intellect coexiste secrètement

en germe, et que, quand le Sens est posé, l'Intellect a surgi du même coup. Mais cet Intellect, dont l'avénement sert à mettre au jour la distinction, ne la fait voir qu'en un point, là où il est ; et par suite, il ne dissout point objectivement l'identité radicale tout entière, puisqu'il ne la dissout par hypothèse qu'en idée, c'est-à-dire en germe. Il suffit bien cependant que ce germe existe une fois dans la plénitude absolue du Sens divin, à la manière d'un infiniment petit levain, pour qu'il puisse indéfiniment s'étendre ou se multiplier. Il y a donc originairement dans l'Activité radicale deux puissances objectivement applicables et effectives, l'une *radicale* et *actuelle* tout ensemble, — c'est l'universelle et l'éternelle interne ; — l'autre, *seulement actuelle*, — c'est l'accidentelle, indéfinie sans doute en elle-même, mais toujours finie dans son œuvre. — Le Sens Divin est porteur-né de la première puissance, et l'Intellect est le suprême représentant de la seconde. Est-ce donc qu'il n'échoit pas la moindre part de puissance à l'Esprit, et cette dernière personnalité serait-elle par hasard déshéritée de tout moyen de manifestation externe ?

L'Esprit, ne pouvant plus s'approprier, d'après ce qui précède, ni la *plénitude* ni l'*élément* de la Puissance effective apparente ou percevable au dehors, est réduit à s'emparer, à titre de spéciale puissance *équilibrante* ou *réactive*, du gouvernement des deux exercices accidentels et finis du Sens actif et de l'Intellect passif. Et sur ce point, nous ne saurions mieux faire que de résumer l'enseignement des Livres Saints, qui qualifient équivalemment le Sens Divin ou le Père de *Roi immortel des siècles* (1 Tim. I, 17); l'Intellect divin ou le Fils, de *Roi du siècle futur* (Isaïe, IX, 6); et l'Esprit radical ou le Saint-Esprit, de *Roi du siècle présent* (1 Cor. XII, 11). Le sens et le but de ces trois qualifications peuvent ne pas apparaître encore, mais nous allons nous expliquer sur ces points, et peut-être avec bonheur.

5. Si l'on se borne d'abord à considérer en elles-mêmes les trois Personnalités : Sens, Intellect, Esprit, il est maintenant évident qu'elles sont intrinsèquement ou subjectivement égales en exercice *interne*, et que sous ce rapport on a,

pour les représenter, les trois expressions du 3me degré :

Sens $= 1^3$, Intellect $= 1^3$, Esprit $= 1^3$.

Bien plus, si l'on veut encore les considérer en exercice *externe*, en tenant compte à chacune de toute sa participation tant implicite qu'explicite au phénomène, on peut et doit à la rigueur continuer à les représenter, comme égales en toutes choses, par les mêmes formules. Mais, à moins d'être spécialement organisé pour cela, l'on ne tient point généralement compte aux Personnes de leur exercice implicite ; et leur part se réduit ainsi singulièrement en apparence, si par hypothèse elle ne s'annule pas même entièrement. Par exemple, la part spéciale de l'Esprit seulement observable dans l'ordre moral, cesse tout à fait d'apparaître ou devient invisible aux êtres étrangers à cet ordre-là. De même, la part de l'Intellect, au moins à moitié constituée par ce qu'on appelle science acquise ou talents naturels, disparait à moitié pour les êtres dépourvus de science ou de talent, mais très-avantageusement doués au contraire de force, de grâce ou de beauté physiques. La part du Sens n'apparaît point ainsi réductible ; elle éclate plutôt immédiatement tout entière : sous ce rapport, ou l'on est pleinement renseigné du premier coup à vue d'œil ; ou l'on n'a qu'à prendre une règle, un compas, une balance, et de suite l'incertitude cesse, ou la réalité se manifeste. Ainsi, tout autant que le Sens est ou reste sur son propre terrain, il est vraiment incomparable, il n'a point d'égal, il est même d'abord *unique* aussi bien que *un*, par infinie concentration originaire : on a pour preuve de cette unité radicale la simplicité des attributs de l'attraction, qui est bien, sans contredit, le premier caractère apparent du Sens, et qui n'a notoirement qu'*un* sens (le centripète), *une* direction (la rectiligne), *un* mode général d'application ou de vitesse (l'inverse à la distance). Mais alors, le Sens restant seul ou livré à lui-même, il n'existerait jamais de monde, nous ne disons pas *extérieur*, mais *contingent*. Pour en amener la réalisation, le Sens radical doit donc, sinon tout d'un coup et sans raison, s'exproprier par aveugle abandonnement de lui-même à la direction de l'Intellect ou à l'impulsion de l'Esprit, au moins se concerter avec ces deux puissances, en agréant le vœu de l'une ou prenant l'avis de l'autre ; et, s'il le fait, il se les associe naturellement; l'Intellect et l'Esprit héritent d'une partie de ses droits, ou mettent le pied sur son propre terrain ; il n'y a plus en définitive une seule Puissance sensible, mais trois. Néanmoins, comme étant ou restant sur son propre terrain sans l'aliéner, le Sens est ou reste aussi la première ou plus haute puissance sensible, $= 1^3$; après lui, vient ensuite l'Intellect, comme puissance sensible secondaire, $= 1^2$; l'Esprit intervient enfin le dernier comme puissance sensible tertiaire, $= 1^1$; mais il peut également arriver que, dans un pareil cas de simple application accidentelle externe, l'Intellect et l'Esprit alternent entre eux de rang, ce qui nous donne toujours, sous la suprême autorité du Sens radical, Esprit $=1^2$ et Intellect $= 1^1$. De là, la série d'inégalités :

$$\text{Sens} = 1^3, \text{Intellect} = \begin{cases} 1^2 \\ 1^1 \end{cases}, \text{Esprit} = \begin{cases} 1^1 \\ 1^2 \end{cases},$$

qu'il est aisé d'interpréter ainsi qu'il suit, en exercice externe tout spécialement sensible.

D'abord, le Sens, s'exerçant et restant sur son propre terrain, y jouit d'une puissance *universelle, éternelle, infinie;* nous en avons déjà donné pour preuve et pour exemple l'Attraction, image parfaite d'ubiquité *virtuelle* et *réelle.*

Puis, l'Intellect, en le supposant (comme de juste) le premier égal à 1^2, jouit d'une puissance *immanente, indéfinie* en principe, mais néanmoins *finie* de fait, quoique très-grande encore en étendue ; nous en avons pour preuve et pour exemple le système solaire et tous autres systèmes analogues, symboles parfaits du monde angélique.

Enfin, l'Esprit, en le supposant le premier égal à 1^1, ne jouit plus, à ce titre, d'une puissance extensive ou formelle immanente, mais a le privilège d'une puissance *intensive, actuelle, momentanée.* Le type parfait de ce dernier genre de puissance sensible élémentaire est l'Homme.

Après cela, nous n'avons plus, ce nous semble, à craindre d'être incompris, si nous disons maintenant que, dans le monde sensible extérieur, le Sens seul fonctionne en Dieu, quand l'Intellect n'y fonctionne de son côté qu'en ange, et l'Esprit qu'en homme. Nous devons pareillement être compris, si nous ajoutons que là le Sens est tel qu'il est toujours, c'est-à-dire *infini*; que l'Intellect s'y montre seulement, en petit, tel qu'un jour il éclatera dans la région céleste des types de vitesse constante, c'est-à-dire quand il se sera revêtu d'immortalité, d'immanence; et que, enfin, l'Esprit s'y montre tel que nous le voyons présentement, c'est-à-dire varié, variant et variable, ou bien éminemment accidentel et *relatif*. A ces divers points de vue, la puissance *déterminative* appartient temporellement au Sens, la puissance *législative* est échue à l'Intellect, et la Puissance *exécutive* est restée à l'Esprit[1].

6. Les trois points de vue sous lesquels nous venons d'envisager une à une les trois puis-

---

[1] Qu'on ne se méprenne pas ici sur le sens de nos paroles! La puissance exécutive appartient toujours au Sens ; mais, le Sens jouant ici le rôle de l'Esprit, nous l'appelons Esprit. C'est ainsi que l'homme, être *sensible*, est *esprit* quand il vit de l'Esprit. *Tout Être qui n'agit que par lieux et moments singuliers est encore Esprit.*

sances divines ou radicales, groupés et rangés par degrés descendants en série de termes, tels que 1^3, 1^2 et 1^1 constituent la méthode dite *analytique* ou *mathématique*, que nous avions intérêt à proposer la première comme la mieux déterminante et la mieux déterminée tout à la fois; mais, quoique ou radicalement ou finalement excellente, incomparable même, cette méthode n'en exclut point une autre, indispensable à titre d'auxiliaire ou de préparatoire, comme plus maniable ou plus accessible à tous ; et cette nouvelle méthode est la méthode dite *logique* ou *synthétique*. Toute la différence entre ces deux méthodes vient du fondement de division propre à chacune d'elles : la première est essentiellement *trichotomique*, et la seconde *dichotomique*. On passe donc de l'une à l'autre, comme on passe du système ternaire au binaire, ou réciproquement. Ainsi, nous avons comparé jusqu'à cette heure les Puissances radicales en les prenant trois à trois ; et maintenant nous allons essayer de les associer seulement par paires, dans la double pensée de nous rapprocher des idées communément reçues d'une part, et d'apprendre à mieux formuler les problèmes à résoudre de l'autre.

Le langage *mathématique*, hérissé des mots de *puissance* et de *racine*, est un langage abstrait, qui ne saurait jamais, par cela seul, devenir vulgaire, et, pour le remplacer, on emploie volontiers alors universellement le langage *logique*, qui procède simplement par *genres* ou par *espèces*, et qui, remettant sans cesse en mémoire des rapports de choses matériellement comparables deux à deux, comme *homme* et *femme*, *jeune* et *vieux*, semble pouvoir résumer dans les deux seuls mots d'*âge* et de *sexe* toutes les notions fondamentales de l'intelligence et de la vie pratique. D'ailleurs, le langage mathématique est, comme il vient d'être dit, abstrait ; et, parce qu'il est abstrait, on n'y saurait plus abstraire ; c'est pourquoi les termes dont il se compose, une fois formulés, ne peuvent plus en aucune manière être sous-entendus. Au contraire, le langage *logique* étant (au moins relativement au précédent) un langage concret, il n'est pas rare qu'il offre souvent à la pensée plus qu'on n'a l'intention de dire, et alors il est ou confus ou figuré ; mais, d'un autre côté, comme il excelle à montrer les ressemblances ou différences, en les groupant synthétiquement par couples si faciles à nommer ou percevoir !... essayons de grouper ainsi les trois Puissances radicales, et bientôt nous aurons compris quel immense avantage il en revient à la pensée pour la formation d'une connaissance superficielle ou provisoire des êtres du monde sensible extérieur.

D'abord, le Sens, que nous posions naguère *mathématiquement* égal à 1^3, est *logiquement* une seule et même puissance absolue. Donc il est, sous ce nouvel aspect, égal à *1* tout court.

Mais le Sens a dans son ressort, avons-nous dit, deux autres puissances à titre d'auxiliaires ; et, s'il veut se développer ou s'appliquer accidentellement, il doit, ou se servir de l'une, ou se prêter à l'autre. Dans les deux cas, il semble bien se désister en leur faveur d'une partie de son pouvoir, ou le leur partager, et l'on peut dire en conséquence que le Sens, égal à *1* quand il est concentré, devient égal à *2* quand il est divisé, ce qui nous donne la relation $S^{ns} = I^{ct} + E^{it}$, ou bien

$$1 = 2\left(\tfrac{1}{2}\right).$$

Évidemment, quand l'Intellect et l'Esprit se partagent en exercice externe le pouvoir du Sens radical présupposé égal à 1, ils n'en prennent, chacun, que la moitié ; mais, à ne vouloir tenir compte que du nombre des personnalités concourantes, on en aurait ici deux, égales à une, ou bien on aurait $1 = 2$. Et, de fait, n'en est-il pas ainsi, quand on sous-entend l'inégalité des fonctions, ou qu'on n'en fait pas sonner la différence ? On pense donc, en général, comme on parle : c'est-à-dire, parlant, on met l'accent sur certaines syllabes, et l'on ne fait pas sonner les autres ; et de même, pensant, on oppose ou compose espèce et genre, sans se préoccuper des différences quand on n'envisage que les ressemblances, ou *vice versâ*. Rien de plus commode assurément ; mais parfois, aussi, rien de plus trompeur ou de plus illusoire, et voilà pourquoi, sans cesser d'avoir une valeur propre et réelle, la méthode logique ou synthétique ne peut suppléer la méthode analytique ou mathématique. Cette dernière est celle qui constitue le vrai savoir; la première y prépare ou conduit seulement, et dès-lors nous n'avons pas besoin de nous expliquer davantage sur l'emploi qu'il convient de faire de l'une et de l'autre.

7. La méthode *logique* ou synthétique fondant la science *préparatoire*, nous allons tâcher de nous orienter, par son moyen, sur les Forces ou les Objets du monde extérieur.

Comme nous l'avons dit, cette méthode est essentiellement binaire ou procède par couples, soit qu'elle compose, soit qu'elle décompose. Faut-il alors diviser le Sens radicalement, *absolument* un : il suffit pour cela de le poser *relativement* égal à 2. On le fait en le disant originairement *bi-sexuel*. Mais l'Intellect et l'Esprit sont deux. S'agit-il de les unir sensiblement : nous les unirons sous la notion commune et formelle de sexe, en les disant *uni-sexuels* chacun. Et, par ce moyen, notre synthèse est déjà faite, au moins en gros.

Mais il est possible d'aller plus loin et sans peine par la même méthode. Comment le Sens radical est-il d'abord bi-sexuel ? L'est-il *en puissance* ou *de fait* ? Impossible d'admettre qu'il le soit déjà *de fait*, puisque l'unité *réelle* en exclut la duplicité réelle. Donc il n'est d'abord bi-sexuel qu'*en puissance* ou par ses facultés internes ; et par suite il est bi-sexuel au dedans, a-sexuel au dehors. Dans cet état, il existe intensivement sous la forme *sphérique*, dans laquelle le foyer et le centre sont encore superposés.

Dissolvons maintenant cette unité primordiale du centre et des foyers : nous passons par là-même immédiatement du *cercle* à l'*ellipse* ; et tel est, en effet, le changement qui se produit dans ou par le Sens radical, quand il permet à l'Intellect et à l'Esprit de s'installer chez lui comme uni-sexuels, sous la forme de deux espèces opposées. Survenant dans le Sens, ni l'Intellect ni l'Esprit n'en diffèrent radicalement, puisqu'il en est le genre commun ; mais ils y diffèrent pourtant l'un de l'autre, comme porteurs, chacun, d'une différence spécifique particulière. En même temps que le Sens radical se traduit alors, pour l'un et pour l'autre, en ellipse, il se forme elliptiquement d'une tout autre manière ; et l'ellipse qui correspond, par exemple, à l'Intellect est une ellipse *aplatie* normalement au sens de la propagation, quand l'ellipse correspondant à l'Esprit est allongée dans ce même sens. Ainsi, nous pouvons entrevoir déjà comment (dans la région des *puissances*, non celle des *actes*, qu'on le remarque bien) l'Intellect prend pour lui le sexe *féminin*, et l'Esprit le *masculin*.

Nous venons de distinguer deux régions, à savoir : la région des *puissances* et la région des *actes*. Pour en saisir la raison, il faut se rappeler ici ce que nous avons déjà dit (§ 5) de l'échange possible des rôles accidentels entre l'Esprit et l'Intellect sous les formes 1^2 et $1'$, dont ils sont aussi capables l'un que l'autre en ressort étranger. Dans la région des puissances, l'Intellect est avant l'Esprit ; le féminin est, de même, avant le masculin. Mais, dans la région des actes, l'Esprit, qui est la dernière puissance interne, est plus proche de l'externe que l'Intellect ; et de même le masculin apparait mieux doté du côté de la puissance exécutive, que le féminin. Donc la supériorité revenant de droit à l'Intellect dans l'ordre des *Puissances* se trouve associée, dans l'ordre des *actes*, avec une infériorité réelle ; et inversement l'Esprit jouit dans l'ordre des actes d'une supériorité qui ne se maintient pas dans l'ordre des puissances. Maintenant, autre chose est comparer l'un à l'autre les deux ordres des *puissances* et des *actes*; autre chose est comparer l'un à l'autre deux Êtres quelconques pris dans chacun de ces deux ordres d'activité. Deux êtres appartenant, l'un à l'ordre des puissances, et l'autre à l'ordre des actes, seraient entre eux comme ange et homme, féminin et masculin ; mais deux êtres pris tous deux exclusivement ou dans l'ordre des puissances ou dans l'ordre des actes sont entre eux comme antécédent et conséquent, jeune et vieux,... et diffèrent, par le temps ou par l'âge, de force ou de capacité. Rien n'empêche, cependant, d'admettre que le même être, déjà supérieur à un autre dans l'ordre des puissances, lui soit également supérieur dans l'ordre des actes, ou bien qu'il soit à la fois à son égard et féminin et masculin. Car, d'abord, tous les degrés de force et de capacité ne sont-ils point indéfiniment variables chez les êtres contingents? Et puis, n'avons-nous pas admis déjà que le

Sens radical est bi-sexuel en principe? Or, si le principe d'une chose ne répugne pas, l'acte ou le fait n'en doit pas répugner davantage. Donc le même être peut être à la fois *féminin* ou supérieur dans l'ordre des *puissances*, et *masculin* ou supérieur dans l'ordre des *actes* ; et, par la même raison, un même être peut rester constamment inférieur comme *féminin* en *acte* et *masculin* en *puissance*.

8. A la suite des questions précédentes et pour ne rien omettre d'essentiel, nous en traiterons une autre, très-connexe d'ailleurs, et même implicitement résolue déjà, mais sans preuve : nous voulons parler de l'ordre d'apparition régnant entre le *masculin* et le *féminin* sortant du *neutre*. En effet, le Sens radical est tout d'abord, avons-nous dit, *bi-sexuel* au dedans et *a-sexuel* au dehors. Or l'*a-sexuel* apparent ou de fait est le *neutre*. Comment ou dans quel ordre, alors, le masculin et le féminin en sortent-ils?... Évidemment, au point de vue de la raison pure, comme aucun terme de relation ne peut être conçu sans son corrélatif, ils en

sortent à la fois; mais au point de vue des faits (c'est-à-dire, ici, des *puissances* relatives ou des *actes* physiques), il en peut être et il en est même tout autrement, et, sous ce dernier rapport, nous sommes d'avis que, *en droit*, le féminin est avant le masculin, comme le conditionnant est avant le conditionné, et que, *en réalité*, le masculin est avant le féminin, comme le précédent est avant le suivant. Certainement, la distinction est toute autre entre deux termes qui s'enchaînent, ou entre deux termes qui seulement se suivent : dans l'enchaînement, le terme *pré-séant* est plus haut placé que son corrélatif et contribue toujours à sa position ou réelle ou formelle; dans la simple succession, au contraire, le terme antérieur n'est pour rien (sinon en qualité de précurseur) dans l'avénement du terme qui le suit ; et pour bien éclaircir ce point, nous emploierons quelques exemples. Soient, d'abord, deux courriers ayant chacun, à conditions égales, deux kilomètres à faire pour se rencontrer : s'il arrive alors que l'un d'eux soit en état de déterminer l'autre, moyennant salaire, à faire seul tout le trajet, le payant ne se mouvra point du tout, et néanmoins il pourra et devra même très-bien être censé *faire*, comme le *faisant-faire*, tout le chemin fait par son associé. Soient, encore, la Terre et le Soleil s'attirant l'un l'autre dans l'espace : la force d'attraction unissant ces deux corps à distance ne les influence pas, comme l'on sait, également, mais elle leur communique dans leur chute respective une vitesse inversement proportionnelle à leur masse ; c'est pourquoi la Terre tombe incomparablement plus vite sur le Soleil, que le Soleil sur la Terre : on dirait que le Soleil commence à peine à se mouvoir, quand la Terre a déjà franchi, pour l'atteindre, un immense espace ; d'où l'on peut inférer qu'elle le *prévient*. C'est de la même manière, maintenant, que le féminin a sur le masculin l'avance de la *puissance* ou de la *vitesse* ; car c'est à lui qu'appartiennent les *premiers mouvements*, quand le masculin ne peut s'en approprier que les *suites*. La femme propose, prépare, veut ; l'homme acquiesce, approuve, fait. Examinant à ce point de vue le récit biblique de la création de l'homme et de la femme, on devrait un peu modifier les idées qu'on en a communément; car ce n'est point dans un sens *général* mais dans un sens *très-particulier*, au contraire, que la femme a été tirée de l'homme[1].

Adam fut d'abord créé seul, dit l'Écriture, à l'image de Dieu. Là, Dieu pris sous sa forme divine primitive, signifie le Sens radical, que déjà nous savons être *bi-sexuel* au dedans et *a-sexuel* ou *neutre* au dehors. Adam fut donc créé d'abord, extérieurement ou de Fait, à l'état neutre, que nous pourrons encore qualifier de *circulaire* (§ 7). Plus tard, cette indétermination préalable ne pouvant avoir de durée, le Cercle dut se transformer en Ellipse, ou bien la neutralité dut faire place aux deux déterminations *masculine* et *féminine* ; mais alors la forme elliptique *aplatie*, *féminine*, dut certainement préluder à sa manière (c'est-à-dire *rationnel-*

---

[1] L'Écriture suppose elle-même la vérité de notre interprétation ; car, disant la femme assujétie seulement à l'homme après sa chute en punition de son abus de pouvoir, elle en implique évidemment la supériorité précédente. Saint Paul dit d'ailleurs expressément (1 Cor. XI, 12): Mulier *de* viro, vir *per* mulierem ; ce qui peut s'interpréter ainsi : la femme vient de l'homme, mais la supériorité de la femme sur l'homme ne vient pas de l'homme.

lement), à la forme *allongée, masculine*. Car, distinguons entre les deux sortes d'extraction *formelle* et *physique*. Soit, par exemple, la gangue brute d'où l'on extrait le fer en en séparant un certain résidu terreux; dans ce travail d'analyse, extrait-on le résidu pour le fer, ou le fer pour le résidu ? Personne ne fera difficulté d'avouer que le fer est le but principal de l'opération. Donc, alors, on n'extrait point, à proprement parler, le fer du résidu qu'on *jette*, mais on extrait le résidu du fer qu'on *conserve*; et, bien que les deux extractions de *fait* et d'*intention*, ou *physique* et *formelle*, coïncident, il ne conviendrait point assurément de subordonner absolument la principale à l'accessoire. Donc, quoiqu'il soit vrai de dire *physiquement* que la femme fut extraite de l'homme, il est bien plus vrai de dire *formellement* que l'homme fut extrait de la femme. Donc, à parler généralement, la femme est avant l'homme, ou le féminin avant le masculin.

9. Mais où tout cela nous mènera-t-il, nous demandera-t-on ici peut-être, et comment

déduire de ces considérations si générales l'organisation et le raccordement des Sciences naturelles, dont les Règnes apparaissent on ne peut plus divergents ?... N'ayons point de semblables appréhensions. Ces considérations ne nous ont pas seulement rapproché de notre but, elles l'ont réalisé ! Car l'organisation ou le raccordement des Sciences naturelles ne sont plus une chose à faire, mais une chose toute faite; et, pour le reconnaître, il suffit de savoir faire l'application des principes établis.

Il est maintenant admis que le Sens radical, l'Intellect et l'Esprit se succèdent, en exercice *externe*, comme les trois Genres : neutre, féminin et masculin.

Il est également admis en Histoire naturelle que les trois Règnes : minéral, végétal et animal, se suivent dans l'ordre dans lequel nous venons de les nommer.

De là il résulte : d'abord, que les trois Règnes minéral, végétal et animal, sont entre eux comme le Sens, l'Intellect et l'Esprit, ou bien correspondent[1] : le minéral au Sens, le végétal

---

[1] Qu'on veuille bien ne pas oublier que nous jugeons

à l'Intellect, et l'animal à l'Esprit; puis, que les mêmes Règnes minéral, végétal et animal, sont encore entre eux comme les trois Genres neutre, féminin et masculin, ou bien qu'il faut voir dans le Règne minéral une image du Genre neutre, dans le Règne végétal une image du genre féminin, et dans le Règne animal une image du genre masculin.

Ce n'est pas tout : il est acquis déjà que, envisagées dans le système binaire, les trois Personnalités radicales : Sens, Intellect, Esprit, se réunissent en deux couples subordonnés, ou l'un principal et l'autre secondaire, tels que $\overline{S=\overline{I+E}}$, ou bien $1 = 2 \left(\frac{1}{2}\right)$.

Donc, par la même raison, les trois Règnes naturels : minéral, végétal et animal, doivent composer des couples analogues, tels que $M^{al} = V^{al} + A^{al}$, ou bien $1 = 2\left(\frac{1}{2}\right) = \frac{1}{2} + \frac{1}{2}$.

Mais en est-il ainsi réellement, et, par une

---

actuellement des choses au point de vue *physique* seulement, où le Sens domine tout. Il n'en serait plus de même si nou nous placions au point de vue de la création universelle. Alors, il faudrait rapporter le règne minéral à l'Esprit, l végétal à l'Intellect et l'animal au Sens. Voyez plus bas, § 11.

exacte ou fidèle interprétation de la Nature, est-il possible de se convaincre qu'elle se prête, au moins provisoirement ou superficiellement, à cette première manière de voir spécialement logique ou synthétique, plus tard suivie d'une meilleure ou plus profonde? Parfaitement, à notre avis ; sur preuve expérimentale et rationnelle tout ensemble. Nous prouverons : d'abord, que le Règne minéral ou (pour mieux dire désormais) *cristallin* correspond au *Sens radical*, et puis, qu'il est un symbole naturel du genre *neutre*.

10. Nous avons déjà plusieurs fois appris à regarder le Sens radical comme *bi-sexuel* au dedans et *a-sexuel* ou *neutre* au dehors. Pour établir entre ce même Sens et le Règne cristallin la parité, nous n'avons donc qu'à démontrer ici que le Règne cristallin implique intérieurement sexualité complète, et que cependant il n'en offre au dehors aucune trace. Or, qui ne sait, d'abord, que les cristaux ne présentent aucune trace apparente de sexualité physique? Sous ce rapport, nous n'avons donc rien à prouver, la preuve est faite. La seule chose encore en litige

possible est donc l'interne bi-sexualité des mêmes corps. Or, sous ce dernier rapport, sinon les faits apparents physiques ou matériels, au moins les faits de dynamisme immatériel ou psychique (car, en un certain sens, les cristaux ne sont pas moins animés que les animaux ou végétaux) sont, grâce aux inventions de l'Optique moderne, aussi décisifs qu'on peut le désirer. D'abord, la lumière naturelle ne se réfléchit ou ne se réfracte jamais sur ou dans les cristaux, sans se décomposer en deux lumières spéciales et par là-même corrélatives ou sexualisées, appelées, l'une *ordinaire,* et l'autre *extraordinaire* : donc, en eux-mêmes, les cristaux sont déjà sûrement déterminés, comme ils le seraient s'ils offraient, réunis ou disjoints, deux sexes différents. Ensuite, on n'ignore point [1] que les lumières spéciales, une fois mises à jour, fonctionnent, tantôt *à part* comme simultanées, tantôt *en série* comme successives, et qu'elles se disposent ainsi, dans

---

[1] On peut revoir là-dessus le N° 5 de la 1re série : *De l'ordre et du mode de décomposition de la lumière par les prismes; nouvelles preuves à l'appui.*

l'espace ou le temps, tout à fait comme le feraient des êtres de sexe différent ou d'âge inégal : donc elles diffèrent à la fois par l'espace et le temps ou par la forme et le fond, tout à fait à la manière du féminin et du masculin, dans lesquels nous avons appris à reconnaître déjà les mêmes relations. Enfin, cette différence de sexe ou d'âge n'est pas seulement un fait déduit, pour actes consécutifs d'éclairement ou d'extinction, de certains phénomènes lumineux plus particulièrement empruntés aux cristaux *uni-axes*; elle est ou devient, en outre, immédiatement observable dans les cristaux *bi-axes*, ainsi nommés parce que, au lieu d'offrir — comme les précédents — un seul foyer de rayonnement lumineux annulaire, ils offrent deux semblables foyers dans lesquels la bi-sexualité de la lumière, masquée jusqu'à cette heure par la superposition des formes, achève de se mettre à jour par leur séparation absolue. Donc les cristaux sont bien réellement constitués en eux-mêmes comme le Sens radical, ou *bi-sexuels* comme lui. Rappelons-nous maintenant que, extérieurement, ils apparaissent *a-sexuels* à son exemple; et nous serons dès-lors en plein droit de formuler cette dernière conclusion : le Règne cristallin est le Règne de la Nature correspondant, d'une part au Sens absolu radical, et symbolisant parfaitement en soi, d'autre part, le genre neutre.

Remarquons bien cependant que, dans ce que nous venons de dire, nous n'avons emprunté nos exemples et nos preuves qu'à la Lumière, quand nous pouvions tout aussi bien les emprunter à l'Électricité. Ainsi, l'on trouve que le spath et le quartz, pressés ou frottés, prennent, le premier l'électricité *positive*, le second la *négative*. On trouve également que la tourmaline chauffée présente à la fois les deux Électricités *positive* et *négative*. Les cristaux se montrent donc encore électriquement *sexués* et même *bi-sexuels* au dedans. Mais les bi-sexualités électrique et lumineuse, ainsi séparément envisagées en deux ressorts tout différents (le lumineux et l'électrique), ne sont que des bi-sexualités en quelque sorte secondaires ou *formelles*. Opposons-nous, au contraire, les deux agents électrique et lumineux eux-mêmes comme formant, réunis et par leur inversion de rôle, un couple absolu réel :

en eux nous avons alors un cas de vraie bi-sexualité *réelle*. Or les cristaux sont bien, ainsi qu'il vient d'être dit, ainsi constitués. Donc le Règne cristallin est réellement bi-sexuel au dedans [1].

11. Le lecteur sait déjà ce que nous pouvons vouloir dire, quand nous affirmons l'existence d'une bi-sexualité réelle interne. Comme l'association de ces deux mots : réelle, interne, le donne d'ailleurs assez clairement à penser, les cristaux ne sont point *de fait* doués d'un double sexe ; ils en ont seulement l'équivalent en puissance, tendance ou germe, comme il apparaît par les phénomènes électriques ou lumineux rappelés tout à l'heure. Et la preuve qu'il en est ainsi, nous la trouvons en ce que, par exemple, quelque petit que soit le fragment essayé d'un cristal régulier, et quelle que soit aussi la région du cristal d'où il

---

[1] Cette conclusion renverse expérimentalement de fond en comble la théorie Herbartienne sur la *puissance*, et justifie parfaitement l'exemple dont nous nous sommes déjà servi (*Traité des Facultés*, pag. 40) pour en démontrer la *réalité*.

provienne[1], on obtient toujours les mêmes résultats. Là, la bi-sexualité règne donc dans chaque fragment et dans chaque région, ou bien elle y est à la fois *une* et *universelle*. Or, ces deux propriétés réunies sont bien le caractère éminemment distinctif des Esprits et des Forces immatérielles comme les Esprits. Donc la bi-sexualité cristalline n'existe point à l'état de réalité physique, mais seulement à l'état de virtualité, de tendance ou de puissance réelle. En conséquence, ce que nous avons démontré jusqu'à cette heure, c'est seulement que le Règne cristallin correspond au Sens radical, ou qu'il en offre les propriétés, au point de pouvoir poser $C^{in} = S^{ns} = 1$, où le lecteur peut reconnaître la forme du premier membre des équations du § 9 ; mais, en l'absence de toute bi-sexualité réelle dans la région des actes, nous n'avons rien obtenu qui corresponde au couple distinct du

---

[1] Nous craignons que cette proposition ne soit mal interprétée. Voici ce que nous voulons dire : Si l'on meut une lame cristalline dans un même plan, en observant un parfait parallélisme entre les positions successives des axes, les phénomènes lumineux ne changent pas.

second membre des mêmes équations ; et, voulant avoir quelque chose d'analogue, nous devons alors sortir du Règne cristallin C pour en poser l'équivalent $V^1 + A^1$.

12. La transformation du Règne cristallin en deux autres dérivés ne pouvant être qu'une sorte de remaniement de leur principe, nous partirons ici de l'idée que nous nous en sommes faite, et nous nous souviendrons notamment : qu'il se prête aux deux points de vue *potentiel* et *réel* ; que, au point de vue potentiel, il est *double* ; et que, au point de vue réel, il est *un*. En admettant alors qu'il se transforme, il peut clairement devenir *un* où d'abord il est *double*, et réciproquement ; et l'on comprend en outre de soi-même que, envisagé dans le ressort des *actes*, le changement en peut apparaître *fatal*, mais que, envisagé dans le ressort des *puissances*, il peut et doit même être reconnu *libre* ; on comprend de même que les deux termes dérivés en apparaissent, dans le ressort des puissances, *simultanés*, et, dans le ressort des actes, *successifs*. Quant à la nature des deux termes dé-

rivés, elle nous est connue déjà. Ces deux termes, issus du Règne *cristallin*, sont les deux Règnes *végétal* et *animal*. Ces deux nouveaux Règnes sortent-ils, maintenant, réellement du Règne cristallin? Dans quel ordre en sortent-ils? Comment en sortent-ils? Telles sont les trois principales questions que nous avons à résoudre.

13. D'abord, si l'un est avant le multiple, si le grand est avant le petit, si le genre est avant l'espèce, le Règne cristallin est avant les deux Règnes végétal et animal, dont il contient déjà l'équivalent en puissance, ou bien ces deux derniers Règnes sont simultanément postérieurs au cristallin et tirent de lui leur origine. Or, il n'y a pas de doute que toujours l'un est avant le multiple, le grand avant le petit, le genre avant l'espèce ; nous avons longuement démontré ce point dans le traité sur l'*Existence de Dieu* et ailleurs. Donc les deux Règnes végétal et animal tirent bien du Règne cristallin leur origine. Mais, s'ils en proviennent et qu'ils en soient tout le produit, ils lui sont en somme équivalents. Donc, en continuant de les représenter par leurs lettres

initiales et de concevoir le Règne cristallin égal à l'unité, nous devons avoir l'équation :

$$C (= 1) = V + A (= 1/2 + 1/2).$$

14. Dans quel ordre, maintenant, les deux Règnes végétal et animal sortent-ils du Règne cristallin ? En sortent-ils à la fois, ou l'un après l'autre ? Et, dans ce dernier cas, le végétal devance-t-il l'animal, ou l'animal le végétal ? Là-dessus, il est aisé de répondre que, dans l'ordre de la raison pure, les deux Règnes végétal et animal doivent sortir à la fois du Règne cristallin, comme essentiellement corrélatifs ou s'impliquant l'un l'autre, mais que, dans l'ordre des faits constitués cette fois de puissances *formelles* ou d'actes *virtuels*, ils doivent se succéder, le féminin devant alors avoir au dedans le pas sur le masculin, et le masculin devant l'avoir à son tour pour le dehors (§ 8). Mais s'agit-il présentement d'appliquer ce dernier principe aux deux Règnes végétal et animal : la question préalable à résoudre est évidemment de savoir lequel de ces deux Règnes peut et doit passer pour *féminin* ou *masculin* à l'égard de l'autre. Or, cette ques-

tion n'est pas aussi difficile à décider qu'on pourrait le croire ; et nous ne craignons pas d'affirmer que le Règne végétal est le féminin, et le Règne animal le masculin.

Commençons par établir que, de ces deux Règnes, l'un est nécessairement féminin, et l'autre masculin. Nous savons déjà (§ 7) que le Règne cristallin répond au cas de la Sphère ou du Cercle, dans lequel Centre et Foyer restent perpétuellement confondus, et que, pour sortir de ce premier cas, il n'existe qu'un moyen immédiat : la transformation du Cercle en Ellipse. Nous avons également appris que l'Ellipse, une fois introduite, se prête, en division binaire, à la distinction en Ellipse *aplatie* normalement au sens de la propagation, et en Ellipse *allongée* dans le même sens, et qu'alors l'Ellipse *aplatie* figure comme symbole naturel d'*Intellect*, d'*extension* et de *féminité*, quand l'Ellipse *allongée* figure inversement comme symbole naturel d'*Esprit*, d'*intensité* et de *masculinité*. Pour apprendre actuellement, en outre, à faire l'application de ces principes aux deux Règnes végétal et animal, nous n'avons qu'à les assimiler aux deux sortes de lumières *ordinaire* et *extraordinaire* ou d'Électricités *positive* et *négative*, déjà reconnues préexistantes dans les cristaux et leurs génératrices naturelles, et qu'à conclure alors, de la similitude des fonctions, à l'identité des caractères. Or, il est très-aisé de s'orienter à cet égard.

Le spath et le quartz, sont deux espèces de cristaux éminemment propres à nous fixer sur les caractères respectifs des deux lumières *ordinaire* et *extraordinaire*. Car le spath, cristal négatif, laisse vite passer, pour plus grande vitesse, la lumière *extraordinaire* ; et le quartz, cristal positif, se débarrasse aussi vite, pour la même raison, de la lumière *ordinaire* (Voy. N° 5, § 9). En outre, le spath est un cristal aplati normalement à l'axe, tandis que le quartz est un cristal allongé dans le sens de l'axe : donc le spath et par là-même sa lumière favorite (l'*ordinaire*) sont symboles spéciaux d'Intellect, d'extension et de fémininité, tandis que le quartz et sa lumière favorite encore (ou l'*extraordinaire*) sont symboles spéciaux d'esprit, d'intensité et de masculinité. Enfin, quelle est la lumière généralement émise par *réflexion*, sinon l'ordinaire ? et la lumière généralement émise par *réfraction*, sinon l'extraordinaire?.... preuve évidente que l'ordinaire, moins coercible, recherche l'expansion, et que l'extraordinaire, plus entrante, préfère la concentration!... Donc, tel est le spath, telle est la lumière ordinaire, telle est la fémininité, d'un part; voilà pour une espèce. D'autre part, tel est le quartz, telle est la lumière extraordinaire, telle est la masculinité; voilà pour l'autre espèce.

Après cela, pour établir le parallèle entre les deux lumières *ordinaire* et *extraordinaire* et les deux Règnes *végétal* et *animal*, il suffit de déterminer la direction *longitudinale* sur le globe terrestre pris ici pour exemple ; car cette détermination doit nous permettre de reconnaître immédiatement dans quel sens se développe l'Ellipse *aplatie* transversale et l'Ellipse *allongée* longitudinale propres à différencier les deux Règnes. Or, sur le globe terrestre, la direction *longitudinale* est très-clairement celle de la vitesse tangentielle aux divers points de sa surface de révolution, et non celle des deux forces centripète et centrifuge normales à cette surface. Car, normalement à cette surface, les allées et venues sont très-limitées et comprennent même les deux forces de concentration et d'expansion dont l'exercice intellectuel est justement, comme limite ou fin, le principal caractère; et, parallèlement à la direction de la vitesse tangentielle, le mouvement est, au contraire, uniforme ou perpétuel. Donc l'Ellipse aplatie doit incontestablement s'étendre dans le plan sécant passant par le zénith, le nadir et les pôles, et l'Ellipse allongée comprendre au contraire, dans son plan sécant ou tangent, l'est, l'ouest et les pôles; c'est-à-dire que la direction de l'axe principal de l'Ellipse aplatie se confond avec celle des diamètres verticaux, et la direction de l'axe principal de l'Ellipse allongée, avec celle des diamètres horizontaux. Maintenant, qu'on jette les yeux sur les deux Règnes végétal et animal. N'est-ce point normalement à l'horizon que s'accroissent par leur double prolongement vers le haut et le bas tous les végétaux, petits, grands, ou moyens? N'est-ce point, au contraire, parallèlement à ce même plan horizontal que s'étendent (à l'exception de l'Homme) tous les animaux qui nagent dans la mer ou volent dans l'air et marchent ou rampent sur la Terre? Donc le Règne *végétal* correspond vraiment à la lumière *ordinaire* et constitue le système intellectuel, expansif ou *féminin* de la Nature vivante ; et le Règne *animal*, servant inversement de pendant à la lumière *extraordinaire*, en constitue le système spirituel, intensif ou *masculin*.

En conséquence, les deux Règnes végétal et animal étant entre eux comme plus et moins, cause et effet, etc., ou ils sont simultanés, ou le Règne végétal précède au moins d'un infiniment petit instant l'animal ; et, si ce dernier paraît quelquefois le devancer, il ne le devance alors qu'*en apparence ou pour le dehors*, par anticipation d'*éclat*, parce que la priorité de *droit* appartient toujours au végétal. Mais, le droit et le fait pouvant ainsi paraître s'intervertir dans le monde physique, il est possible que souvent on ne puisse assigner avec certitude laquelle des deux vies animale ou végétale prime l'autre. Certaines individualités végétales[1], les fougères,

---

[1] En histoire naturelle, on appelle *Zoocarpés* les êtres de cette classe.

par exemple, ou autres plantes de cette famille, semblent commencer par être animales; chez d'autres individualités à vie mixte apparente, comme les animaux-plantes, et notamment les corallines, la vie végétale semble, au contraire, constamment précéder et dominer l'animale. Néanmoins, les principes que nous avons établis restent intacts : les deux règnes végétal et animal peuvent être *simultanés* ou *successifs;* et, s'ils sont *successifs*, la priorité *de droit* appartient toujours au végétal.

15. Des trois questions du § 12, il nous reste à résoudre la troisième : comment les deux Règnes végétal et animal émergent-ils du cristallin ? Cette question est complexe et se divise en celles de *causalité* d'abord, et de *modalité* ensuite. Nous résoudrons plus tôt la question de causalité, comme plus simple et plus radicale.

La causalité peut s'entendre synthétiquement ou analytiquement. Synthétiquement, nous admettons deux sortes de causes : l'*absolue* et la *relative*. Analytiquement, nous en distinguons trois, qui sont : l'*efficiente*, la *sollicitante* et la *déterminante*, ou bien encore : l'*efficiente*, la *provocatrice* et l'*occasionnelle*, suivant qu'on se place, pour en juger, au double point de vue du dedans et du dehors.

D'abord, est cause *absolue* toute Activité qui fonctionne à la fois en qualité de sujet actif et de sujet passif. Tel est le sens radical, se décidant librement à changer extérieurement presque du tout au tout, en substituant en lui-même à la forme *a-sexuelle* primitive la forme *bisexuelle*, sous la double influence *sollicitante* de l'Intellect et *déterminante* de l'Esprit. Ces deux dernières puissances jouant alors à son égard les rôles de *directrice* et de *génératrice*, le Sens radical se contente de vouloir en lui-même, comme cause efficiente absolue. Mais, du même coup, tout autant que les deux autres puissances aboutissent par hypothèse ensemble à leurs fins respectives, elles s'extériorent ou prennent pied dans le monde sensible; et là l'Intellect, intérieurement *sollicitant*, peut bien être regardé comme extérieurement *provoquant*; de même, l'esprit, intérieurement, mais (en raison de l'intermédiaire obligé de l'Intellect) indirectement *déterminant*, peut être réputé simple cause *occasionnelle* externe. Enfin, dès-lors que le Sens radical ne fait en apparence ou pour le dehors qu'obéir, de cause *efficiente absolue* qu'il est d'abord en lui-même, on peut bien dire qu'il devient extérieurement simple *effet absolu*, fatal, et même imaginaire, pour n'agir désormais à son tour sous cette forme qu'à titre de cause *occasionnelle* au dehors, et *déterminante* au dedans, sur l'Intellect et sur l'Esprit. Donc, en définitive, le Règne cristallin est censé produire ou réaliser les deux Règnes végétal et animal, parce que le Sens radical qui est en lui et qu'il représente, libre d'accéder ou de ne pas accéder aux mouvements intérieurs de l'Intellect et de l'Esprit, se décide à réaliser et à subir avec eux une subite et complète métamorphose.

16. On vient de voir que, pour résoudre la question de Causalité, nous devions compléter la méthode synthétique par l'analytique. Pour la résolution de la question de Modalité, nous n'userons que de cette dernière.

Ici, quoique ayant déjà reconnu le Sens radical porteur des deux formes *interne 1³* et *externe 1°*, nous nous bornerons à prendre en spéciale considération cette dernière, comme étant celle sous laquelle il se manifeste au dehors après cession de droits faite à l'Intellect et à l'Esprit. Il y a lieu de distinguer immédiatement deux cas : ou les produits apparents du Sens radical sont répandus et *fixes* (sous forme sphérique ou cubique, peu importe encore) dans le monde intellectuel; ou ces mêmes produits *se meuvent* en échangeant de lieux dans ce monde idéal sous l'impulsion de l'Esprit. Le premier de ces deux cas est celui de la création *simultanée*; le second est celui de la création *temporelle*. Dans la création simultanée, tous les êtres sont censés, dès le premier jour, réalisés et distribués dans l'espace intelligible aux lieux réclamés par leurs degrés respectifs de puissance physique attractive, répulsive, impulsive; mais, alors, rien n'arrive que ce qui est; le premier état des êtres est donc l'état statique. Dans la création temporelle, l'état statique précédent est censé se suspendre (au moins implicitement) tout à coup, pour faire place à l'état opposé dynamique dans lequel tous les êtres apparaissent animés de vitesses inversement proportionnelles en général à leur distance au centre des forces; et par suite ils ne se meuvent pas seulement avec une plus ou moins grande différence de marche, mais encore ils peuvent se choquer, se retarder ou s'accélérer les uns les autres. Or, dans ces deux cas si différents, la puissance *dirigeante* n'est ni ne peut être la même. Dans l'état statique universel, la puissance souveraine est l'Intellect ; dans l'état dynamique subséquent, l'Esprit est le souverain. Mais, si l'Intellect est souverain, il est forcément, au moins d'un degré, supérieur à l'Esprit; et de même, quand l'Esprit règne, il surpasse au moins d'un degré l'Intellect. On peut donc admettre qu'ils sont entre eux comme 1^2 et 1^1, ou 1^1 et 1^2.

Maintenant, quand, par son droit d'ainesse, l'Intellect, respectivement fixe, domine en souverain dans le monde extérieur, l'Esprit, essentiellement mobile, étouffant sous ce premier régime trop exclusivement conservateur, cherche naturellement un refuge dans le monde interne; et, plus par conséquent l'état sensible extérieur est stable, plus l'état sensible intérieur bouillonne ou fermente virtuellement. Rien n'en paraît au dehors, si l'on veut; mais il y a là pourtant comme un volcan sous la neige, et nous en avons donné la preuve quand nous avons établi précédemment (§ 10) l'existence des courants électriques ou lumineux universels et perpétuels au sein des corps *cristallisés*, types évidents de constructions naturelles immanentes. Or, quand l'Esprit se meut sous la souveraine direction de l'Intellect, comment se représenter l'action respective de l'un et de l'autre, sinon celle de l'Intellect, sous la forme de *force vive* V^2, et celle de l'Esprit, sous la forme de quantité de mouvement V^1, c'est à dire sous les formes symboliques 1^2 et 1^1? D'ailleurs, nous savons par la théorie des quatre centralités que toutes vitesses virtuelles, sous la haute direction de foyers intellectuels, se ramènent aux quatre cas du Cercle, de l'Ellipse, de la Parabole et de l'Hyperbole, figurables au moyen des mêmes symboles complétés : 1^3, 1^2, 1^1, 1^0. Donc ces symboles doivent encore pouvoir s'appliquer en entier à la constitution *cristalline* tant interne qu'externe, et cela lors même que, à l'état d'acte, l'Esprit n'y fonctionne qu'en la forme de première puissance 1'.

Nous venons de démontrer indirectement que les mouvements internes des cristaux sont les mêmes qu'on peut et doit attribuer dans les espaces interplanétaires aux corps célestes *étoilés*, qui s'y balancent dans un ordre constant, autrement inexplicable; mais cette allusion à des faits d'un ordre tout à fait étranger à l'Histoire naturelle est bien tout ce que nous pouvons ici nous permettre incidemment; et, nous hâtant alors de rentrer dans notre sujet, nous ferons remarquer que, sur le globe terrestre, où nous devons l'étudier de préférence, l'Esprit a pour le moins autant de pouvoir que l'Intellect en a dans l'espace céleste, et qu'ainsi, comme l'Intellect impose là la constance à l'Esprit, si variable par essence, de même ici l'Esprit doit pouvoir à son tour forcer l'Intellect — si répugnant aux changements dont il n'est pas l'auteur — à sortir de son repos pour endosser le premier degré de la variation; c'est pourquoi les rôles de ces deux puissances apparaissent cette fois alterner. Naguère, nous avions : $I^{ct} = 1^2$, $E^{it} = 1^1$; nous avons actuellement : $E^{it} = 1^2$, $I^{ct} = 1^1$. Que signifie maintenant cette dernière valeur de l'Intellect ? Elle signifie que, dans le Règne végétal faisant suite au cristallin, l'Intellect (actif au premier degré, sous la haute influence de l'Esprit), s'emparant des produits inertes = 1° du Sens externe, et les informant à son image, les élève par là-même à sa hauteur, ou les développe *linéairement* dans une première dimension. Mais, ce que l'Intellect animé par l'Esprit éminemment révolutif peut faire dans une première dimension, il doit pouvoir aussi le faire dans une seconde, une troisième dimension; en un mot, en tout sens. Supposons donc qu'il en soit ainsi. Ces jets linéaires consécutifs de l'Intellect autour d'un même *point central* constituent une vraie surface régulière polygonale ou même (à la limite) circulaire, qu'il est facile de concevoir aussitôt traduite par déplacement continu parallèle, en enveloppe prismatique ou cylindrique; et par suite le point central de tout à l'heure se convertit en *axe* évidemment unique dans le cas considéré. Ici déjà nous avons donc, en rapport avec la forme cristalline *uniaxe*, la forme végétale dite *monocotylédone*. Mais, dans les cristaux, la force spirituelle interne comporte souvent en principe le dédoublement de l'agent producteur : donc, parallèlement à cette seconde forme cristalline caractéristique des *biaxes*, nous devons avoir une seconde forme végétale analogue, la *dicotylédone*. Mais encore, dans les cristaux, comme on peut s'en convaincre aisément (quoique aucun auteur n'en parle) en essayant avec une pince à tourmalines ou tout autre appareil de lumière convergente, une lame d'aragonite ou de nitrate de potasse, — les biaxes ne sont pas incapables de se dédoubler et de se comporter en *tétra-axes*[1]: donc, parallèlement à cette troisième forme cristalline, nous devons avoir une troisième forme végétale respectivement *polycotylédone*. Enfin, il y a des

[1] Ce phénomène, approfondi, nous semble devoir mener loin de nouveaux observateurs attentifs et judicieux. Car, examinant avec soin un fragment d'aragonite au microscope polarisant, nous avons vu les quatre centres, disposés en sommets de quadrilatère allongé, sillonné de cordes tendues parallèlement d'une base à l'autre, divergentes en dehors, etc.

cristaux tellement embrouillés dans leur construction, qu'ils offrent à peine quelques traces de plus en plus affaiblies de régularité, comme des *rayons étoilés*, une *transparence imparfaite*, l'*éclat vitreux*, etc.: donc nous devons avoir de même des végétaux à structure à peine fibreuse ou même celluleuse, et par conséquent *acotylédones*. Donc le règne végétal s'informe bien, en dernière analyse, sur le cristallin ; et, quoique moins mobile ou variable que l'Esprit, l'Intellect varie de même, avec la seule différence que comporte sa répugnance naturelle pour les changements brusques ou continuels.

17. La corrélation entre l'état *virtuel* cristallin et l'état *formel* végétal est maintenant évidente; elle le deviendra plus encore, si nous donnons aux degrés de l'état virtuel cristallin des noms analogues à ceux des degrés de l'état formel végétal, et si pour cela nous nous permettons de désigner les différentes espèces signalées de cristaux par les noms inusités de *mono-axes*, de *di-axes*, de *poly-axes* et d'*an-axes*, qui sont bien absolument conformes à ceux admis en

Botanique de *monocotylédones*, de *dicotylédones*, de *polycotylédones* et d'*acotylédones*. Mais une chose doit surprendre dans cette énumération des différentes espèces de cristaux : c'est l'entier oubli, dans la nomenclature cristalline, des cristaux *cubiques*, réputés les plus parfaits ou les plus remarquables de tous. Nous trouverons bientôt l'occasion de nous expliquer à ce sujet, quand nous aurons construit la nomenclature *animale* ; car cette dernière est comme une synthèse des deux précédentes *cristalline* et *végétale*, et doit par conséquent, en les confrontant, en accuser nettement toutes les bonnes ou mauvaises qualités.

18. L'état *virtuel*, sur lequel nous venons de construire la nomenclature du Règne cristallin, est un état interne. L'état *formel* végétal, base de la nomenclature végétale, est un état externe. Or, quand l'Intellect se développe dans les végétaux, il s'organise, et, quand l'Esprit fermente dans les cristaux, il circule. Il y a pour lors dans les végétaux un *axe* apparent principal, s'allongeant perpétuellement et servant en quel-

que sorte de *directrice* à la puissance d'accroissement; et, de même, il y a dans les cristaux un *axe* occulte principal, pour ainsi dire neutre, mais d'autant plus propre par là-même à servir de pivot à la puissance rotatoire. Nous pouvons donc déjà distinguer deux sortes d'axes : un axe d'*accroissement* et un axe de *révolution*; le premier à l'usage de l'Intellect, et le second à l'usage de l'Esprit [1]. Réunissons maintenant ces deux axes principaux dans un seul système : nous réunissons par là-même aussi les deux puissances *formelle* végétale et *virtuelle* cristalline, ou bien nous superposons les deux forces d'accroissement et de révolution, évidemment identiques ou du moins réductibles à celles d'*organisation* et de *circulation*. Mais c'est bien par ces deux derniers caractères que nous avons cru

---

[1] L'*axe d'accroissement* et l'*axe de révolution* sont entre eux comme *idéal* et *virtuel* d'abord, comme *antécédent* et *conséquent* ensuite. Mais, réunis, ces deux axes constituent toujours un axe *réel*, à l'exemple de l'*axe unique principal* des uniaxes, ou des *deux axes singuliers* des biaxes. Et, disjoints au contraire, ils doivent être censés *imaginaires*, comme le sont, en effet, la *ligne moyenne* et les *axes de réfraction conique*.

devoir (n° 9 de ces Études) différencier les différentes espèces d'animaux. Donc le Règne animal est vraiment comme la synthèse naturelle des deux Règnes cristallin et végétal.

Nous prévoyons l'objection qu'on doit être ici prêt à nous faire; on nous dira : « Mais les deux forces *organisatrice* et *révolutive* sont toujours simultanément appliquées dans les végétaux et les cristaux. Car, en même temps, par exemple, que les végétaux se développent en long vers le haut ou le bas, ils s'accroissent ou grossissent en rond et forment çà et là des verticilles nettement accusés ou des spirales non moins saillantes; et pareillement, en même temps que la force révolutive circule incessamment dans les cristaux, elle les laisse librement se construire en longueur, largeur ou épaisseur, et tout au plus se permet-elle d'apparaître de loin en loin dans les phénomènes exceptionnels d'hémitropie ou d'hémiédrie. » Nous n'avons nullement la pensée de nier, tant dans les végétaux que dans les cristaux, la coexistence des deux puissances d'organisation et de circulation ; mais, ce que nous soutenons, c'est que, pour le dedans au moins, la puissance de circulation est *principale*[1], et la puissance d'organisation *secondaire* dans les végétaux, comme inversement la puissance d'organisation est *souveraine*, et la puissance de circulation *subordonnée* dans les cristaux. Existe-t-il, alors, une classe d'êtres où les deux puissances d'organisation et de circulation soient *souveraines* à la fois, mais dans deux ressorts distincts — quoique coexistants — il est de suite évident que ces nouveaux êtres constituent une troisième classe absolument irréductible aux précédentes. Or, tels sont dans leur état actuel, et comme on l'admet d'ailleurs, les animaux. Donc les êtres animés constituent incontestablement une classe à part.

19. Chose singulière, évidente, et pourtant passée jusqu'à ce jour inaperçue ! La direction des deux forces *organisatrice* et *révolutive* est disposée dans les animaux justement en sens con-

---

[1] Cependant, cette souveraineté préalable n'est jamais qu'*implicite*, puisque l'Esprit ne se révèle *au dehors* que dans le Règne animal (§ 9). Ainsi, les apparences sont contraires à la réalité (§ 14).

traire de ce qu'elle est dans les végétaux et les cristaux. Dans les végétaux, avons-nous dit, § 14, la puissance d'organisation s'étale dans un plan *vertical*, et, à partir du collet tant vers le haut que vers le bas. Dans les animaux, au contraire, elle s'étale dans un plan *horizontal*, d'arrière en avant ou de droite à gauche, car ils sont tous (sauf l'homme) couchés parallèlement (ou peu s'en faut) à l'horizon. Dans les cristaux, avons-nous dit encore § 17, la puissance de circulation se règle assurément sur leurs conditions *intérieures* d'existence déjà nommées *centre* et *axes*; mais elle y est au moins libre de toute influence externe. Dans les animaux, au contraire, la même puissance se règle exclusivement sur l'état *physique* (et par conséquent toujours *extérieur* pour elle), soit de l'organisme dans lequel elle tourne, soit du monde objectif auquel elle se rallie par l'entremise des sens, et, de cette manière, au lieu de regarder en eux, — comme dans les cristaux — vers le dedans, avec désir ou semblant de se concentrer de plus en plus, elle regarde incessamment vers le dehors, comme pour s'épanouir. Ainsi, les animaux sont bien calqués sur les végétaux et les cristaux, mais, en les reproduisant, ils en renversent l'image.

Cependant, il est un être faisant exception à cette loi, et, cet être, c'est l'Homme. L'Homme est, en effet, droit par sa stature et moral par son caractère. Droit par sa stature, il reprend la position verticale de la puissance d'organisation dans les végétaux; et, moral par son caractère, il revient au mode primitif d'enroulement centripète de la puissance de circulation dans les cristaux. Sans dissoudre pour cela leur association *animale* établie sur le pied de l'égalité, les deux puissances d'organisation et de circulation ont donc fait retour en l'Homme, de leur mode *dérivé* d'application particulier aux animaux, à leur mode *primitif* et singulier d'application spécialement propre aux végétaux et aux cristaux[1], et dès-lors beaucoup plus libre

---

[1] Il n'y a là, pourtant, qu'une demi-restauration : celle de la relation *primitive* entre l'Esprit et l'Intellect ; la relation *primitive* entre le Sens et l'Esprit n'est pas encore rétablie de même, mais elle tend à se rétablir chaque jour chez l'homme *moral*, supérieur à l'homme *physique*.

et plus indépendant; car, plus une force se détermine ou varie, plus elle se restreint naturellement en extension ou en intensité.

20. La puissance d'organisation fait *végéter*, croître, évoluer; la puissance de circulation fait *tourner*, infléchit, arrondit; la puissance sensible, seule, *engendre* ou multiplie les êtres. Mais, comme nous l'avons déjà dit, le Sens n'engendre point, sans être, au dedans, *sollicité* par l'Intellect et *déterminé* par l'Esprit, ou, au dehors, *provoqué* par l'Intellect et mis *occasionnellement* en demeure par l'Esprit; c'est-à-dire que le Sens peut se montrer fécond de deux manières, du dedans ou du dehors, virginalement [1] ou co-

---

[1] La génération *virginale* s'explique aussi bien que la *copulative*. Nous avons dit (§ 5, note) : Toute cause qui n'agit que par lieux et moments singuliers est Esprit. Renversons cette proposition; il viendra : L'Esprit (seul) agit par lieux et moments singuliers. Établissons cette autre proposition : Toute cause qui agit perpétuellement est intellectuelle ou *formelle*. Or telle est la force *copulative* en jeu dans la génération charnelle. Donc ces deux causalités sont entre elles comme *un* et *deux (résultante* et *imposantes)*.

pulativement; mais, dans tous les cas, lui seul engendre.

La génération est donc, en elle-même, la simple production surnaturelle ou naturelle, active ou passive — de nouveaux êtres sexuellement indéterminés ou *neutres*; et c'est alors sur cette première œuvre du Sens que l'Intellect et l'Esprit, intervenant à leur tour, viennent plus tôt ou plus tard implanter leurs produits. Il leur appartient de déterminer d'abord en commun, suivant leur mode général de concourir, le *nombre*, l'*ordre* et la *qualité* des êtres engendrés; et puis il reste séparément, à la charge de l'Intellect, d'en constituer la vie *végétative*, à la charge de l'Esprit d'en constituer l'*animale*.

21. Ici, s'ouvre aux recherches de la Science un vaste horizon, où nous n'avons pas l'intention de nous lancer aujourd'hui, mais où nous jetterons néanmoins quelques coups d'œil pour fixer les idées. L'Intellect et l'Esprit, sensiblement appliqués l'un et l'autre sous les deux formes 1^2 et 1^1, ou 1^1 et 1^2, sont des types, le premier de lumière, et le second d'électricité. Les types *in-*

tellectuels 1^2 et 1^1, pouvant s'associer avec alternante subordination dans la même individualité physique, de manière à former l'un sous l'autre les deux groupes distincts $\left\{ {1^2 \atop 1^1} \right.$, $\left\{ {1^1 \atop 1^2} \right.$, sont les deux lumières *ordinaire* et *extraordinaire*. Les types *spirituels*, groupés de même, sont les deux électricités *négative* et *positive*. Quoique parfaitement distincts entre eux par leur différence spécifique, les groupes *intellectuels* sont alors en commun, par leur genre prochain, des groupes *organiques végétants*; et, dans les mêmes conditions, les groupes *spirituels* sont des groupes *animés* ou *animants*. Tous vivent; mais les premiers servent principalement à la reproduction, et les derniers à la vie de relation.

Considérons en particulier et pour exemple les groupes intellectuels : $\left\{ {1^2 \atop 1^1} \right.$, $\left\{ {1^1 \atop 1^2} \right.$. Ces deux groupes différant entre eux en ce qu'ils portent en tête, l'un la seconde puissance, et l'autre la première, il convient, à notre point de vue, d'appeler *négatif* le groupe individuel portant en tête la seconde puissance, et *positif* le groupe inverse. Dans les deux cas, leur complication intrinsèque peut être interne ou externe, formelle ou réelle : dans le monde sensible apparent, elle est externe et réelle. Supposons-la telle. Les deux individualités comparées sont alors respectivement sexualisées, à l'instar des plantes, comme ayant *même* genre prochain (l'intellect) et différence spécifique *autre* (la forme extérieure). Admettons, après cela, la même sous-division dans l'ordre *spirituel*. On conçoit dès-lors sans peine que groupes *intellectuels* et groupes *spirituels* s'allient ensemble en toute sorte de proportions, ou bien positif à positif, positif à négatif, négatif à négatif ; et de ces ensembles binaires de groupes *intellectuels* et *spirituels*, tous subordonnés au Sens radical, nous pourrons déduire l'équation fondamentale du § 9 : $S = I + E$. Une plus ample exposition de ces principes demanderait, maintenant, un entier remaniement de la *théorie* des *axes* à peine ébauchée par la science empirique ; ne pouvant aujourd'hui nous acquitter de ce travail, nous en ferons l'objet de notre prochaine publication.

22. Nous avons, dans le cours de ces Études et de concert d'ailleurs avec les physiciens, indiqué deux moyens de grouper ensemble tous les êtres du Règne cristallin : l'un *géométrique*, et l'autre *optique*.

Les deux séries d'espèces cristallines sont, dans le tableau ci-joint, les séries A et B, où l'on peut remarquer que, comprenant le même nombre d'espèces, elles ne coïncident pourtant pas, puisque la première espèce de la série B ne répond qu'à la seconde espèce de la série A; les cristaux *uniaxes* étant les *quadratiques*. C'est une dissonance qu'il nous faut alors faire disparaître en l'expliquant.

CRISTAUX.		VÉGÉTAUX.		ANIMAUX.	
A	B	B'	B"		C
Cubiques,	Uniaxes,	Monocotylédones,	Vertébrés,		Immortels,
Quadratiques,	Biaxes,	Dicotylédones,	{ Mollusques, Articulés,		Vertébrés,
Singuliers,	Polyaxes	Polycotylédones,	Rayonnés,		{ Mollusques, Articulés,
Nuls.	An-axes.	Acotylédones.	Animalcules.		Rayonnés,
					Animalcules.

— 74 —

La série du Règne végétal est une, et se compose des quatre espèces de végétaux désignées en B'.

Cette unité de série du Règne végétal ne se transmet point au Règne animal, où la duplicité reparaît en s'aggravant même d'une nouvelle irrégularité. Car, à côté de la série B'', que nous avons donnée ailleurs et qui correspond aux deux précédentes B et B', on en peut dresser une autre C correspondante à la série géométrique A, et dans laquelle le nombre des espèces s'élève à 5.

Eh bien! cette nouvelle dissonance, au lieu d'achever de troubler le système, est ce qui vient tout concilier. Car elle nous permet de remarquer ou de faire remarquer que les *deux premières* et les *deux dernières* séries, en apparence discordantes entre elles, sont foncièrement identiques et ne se distinguent qu'accidentellement, par dédoublement exceptionnel et passager de leurs premiers termes. En effet, que sont les premiers termes des deux premières séries A et B, ou des deux dernières séries B'' et C? Ce sont des termes qui ne diffèrent entre eux que par incomplète réalisation de leur type commun. Les cristaux uniaxes, par exemple, correspondent sans contredit aux quadratiques et semblent, sous ce rapport, devoir être subordonnés aux cubiques ; mais finissons par arriver chez eux, en en restreignant peu à peu la divergence entre aplatis et allongés, à la parfaite égalité de structure, et nous aurons par là-même réalisé le type limite des cristaux cubiques ; ce qui ramène immédiatement la série A à la série B[1]. Puis, quelle idée nous sommes nous faite des animaux vertébrés ? Nous nous en sommes fait l'idée d'animaux à organisation et à circulation au moins *relativement* parfaites et par suite également développées. Or cette idée que nous nous en sommes faite, est-elle *absolument* exacte ? Évidemment non. Cette notion est bien une appréciation approximative, mais non une absolue réalité. Cependant la recon-

[1] Quoique réductible à la série B, la série A n'en est pas moins distincte. Or, distinctes, ces deux séries n'ont pas même niveau : donc elles sont de deux ordres différents, comme les deux puissances auxquelles elles correspondent, ou l'Intellect et l'Esprit. La même remarque s'applique aux séries suivantes.

naissance de cette absolue réalité ne répugne point ; admettons-la par hypothèse. Nous arrivons alors à la notion plus élevée d'êtres parfaits, immortels ; et, par suite de la compréhension *sous la même idée fondamentale* de ces êtres immortels et des vertébrés, la série C se ramène ou se réduit d'elle-même à la série B''.

Tout ce qui manque au monde présent, c'est donc seulement la révélation d'Êtres *immortels* correspondants aux cristaux *cubiques* ; mais cette révélation-là, qui nous fait encore défaut, nous pouvons l'espérer. Car il n'y a pas de raison de ne pas admettre que la *Nature*, divine *en principe*, ne soit une force aussi grande *en ses moyens*, que les *idées* mêmes d'espace ou de temps intelligibles, auxquelles notre imagination ne trouve pas de limites. Nous concevons l'infini : donc, à moins d'oser dire que nous le faisons, il nous a faits nous-mêmes ; et par conséquent il existe. Mais, s'il existe, il est tout-puissant ; et, s'il réalise le moins, il doit un jour (s'il ne l'a déjà fait) réaliser le plus, aussi possible et meilleur en soi que le moins. D'ailleurs, comme il est en lui-même parfait, il devra pareillement mettre au jour un monde parfait où les immortelles destinées des êtres bien méritants n'apparaissent point, par une contradiction trop révoltante, au-dessous de leur invincible courage et de leur foi.

TABLE DES MATIÈRES

	§§
Avant-Propos...................................	
Division générale des sciences; leur irréductibilité relative...............................	1
Idée fondamentale des sciences *naturelles*....	5
Méthodes : méthode *logique*, méthode *mathématique*.....................................	6
Méthode logique : *sexes, âges; féminin* et *masculin*, etc.....................................	7
Les trois Règnes : *cristallin, végétal* et *animal* rangés dans l'ordre des trois genres : *neutre, féminin* et *masculin*.....................	9
Règne cristallin, *premier* en temps et puissance.	13
Règne végétal, *second*; Règne animal, *troisième*	14
Cause et modes de dérivation...................	15
Méthode mathématique : Rapports particuliers entre les deux Règnes végétal et animal...	16
Nomenclatures comparées.......................	22

FIN DE LA TABLE

www.ingramcontent.com/pod-product-compliance
Lightning Source LLC
LaVergne TN
LVHW021002090426
835512LV00009B/2034